El Salvador

everest

Dirección editorial / Editorial management: Raquel López Varela
Coordinación editorial / Editorial coordination: Mónica Santos del Hierro
Texto y fotografías / Text and photographs: Servicios Editoriales Georama S.L. (Edgar de Puy / Paco Sánchez)
Diagramación / Diagrams: Gerardo Rodera
Diseño de cubierta / Cover design: Francisco A. Morais
Traducción al inglés / Translated by: EURO:TEXT
Mapas / Maps: Servicios Editoriales Georama, S.L.
Tratamiento digital de imágenes / Digital images processing: David Aller / Ángel Rodríguez

Los autores agradecen la ayuda prestada para la edición de este libro a María José Rendón y María de los Ángeles Valle de CORSATUR (Corporación Salvadoreña de Turismo) y a MITUR (Ministerio de Turismo de El Salvador).

The authors would like to thanks to María José Rendón and María de los Ángeles Valle de CORSATUR (Tourism Corporation of El Salvador) and to MITUR (Tourism Affairs of El Salvador) for their help and support to this book.

Editorial Everest le agradece la confianza depositada en nosotros al adquirir este libro, elaborado por un amplio y completo equipo de Publicaciones formado por fotógrafos, ilustradores y autores especializados en turismo, junto a nuestro moderno departamento de cartografía. Everest le garantiza la total actualización de los datos contenidos en la presente obra hasta el momento de su publicación, y le invita a comunicarnos toda información que ayude a la mejora de nuestras guías, porque nuestro objetivo es ofrecerle siempre un TURISMO CON CALIDAD. Puede enviarnos sus comentarios a: Editorial Everest. Dpto. de Turismo.
Apartado 339 – 24080 León (España). e-mail: info@everest.es

Editorial Everest would like to thank you for purchasing this book. It has been created by an extensive and complete publishing team made up of photographers, illustrators and authors specialised in the field of tourism, together with our modern cartography department. Everest guarantees that the contents of this work were completely up to date at the time of going to press, and we would like to invite you to send us any information that helps us to improve our publications, so that we may always offer QUALITY TOURISM.
Please send your comments to: Editorial Everest. Dpto. de Turismo
Apartado 339 – 24080 León (Spain) or e-mail them to us at info@everest.es

© EDITORIAL EVEREST, S. A.
Carretera León-La Coruña, km 5 - LEÓN
ISBN: 978-84-441-3113-9
Depósito legal: LE. 950-2010
Printed in Spain - Impreso en España
EDITORIAL EVERGRÁFICAS, S. L.
Carretera León-La Coruña, km 5
LEÓN (España)

Monumento al Salvador del Mundo en San Salvador.

Salvador del Mundo Monument in San Salvador.

EL PEQUEÑO Y VIVO CORAZÓN DE CENTROAMÉRICA

El Salvador se ubica en el lado noroeste de Centroamérica y con sus modestos 20.740 km² es el estado más pequeño de esta parte del planeta. Forma parte del istmo centroamericano y se halla en una zona con una gran actividad sísmica y volcánica, fruto de su cercanía al conocido Cinturón de Fuego. A pesar de ello es el estado más densamente poblado del área, con cerca de 6 millones de habitantes.

THE TINY PULSING HEART OF CENTRAL AMERICA

El Salvador lies on the north-western side of Central America. Its modest extension of 20,740 km² makes it the smallest state in this region of the world. It forms part of the Central American isthmus and is located in an area of intense volcanic and seismic activity, the result of its proximity to the so-called Ring of Fire. Yet despite this, it is also the most densely populated state in the region, with almost 6 million inhabitants.

Arriba, el lago Suchitoto; bajo estas líneas el volcán Chinchotepec y sus alrededores.

Above, the Suchitoto lake. Below, the Chinchotepec volcano and its surroundings.

Gracias a las buenas conexiones terrestres desde la capital, San Salvador, se puede conocer rápida y fácilmente todo el país, rico en ecosistemas y paisajes que van desde los espectaculares volcanes hasta los interminables esteros y fértiles manglares del sur, pasando por reductos de selvas en elevadas alturas en el norte. Tampoco hay que olvidar los coloridos espacios urbanos ni el paisaje agrario salvadoreño donde se manifiesta la laboriosidad de sus habitantes, que tapizan las planicies y faldas de volcanes con plantaciones de cafetales, caña de azúcar, frutales y campos de flores.

Thanks to the excellent land communications radiating from the capital, San Salvador, exploring this country is both quick and easy. El Salvador boasts a wealth of ecosystems and landscapes ranging from spectacular volcanoes to the vast expanses of marshland and fertile mangrove swamps of the South, to the patches of forest in the northern highlands. Mention must also be made of the colourful urban spaces and El Salvador's distinctive agricultural landscape, reflecting the toils of its inhabitants, who have created a patchwork of coffee, sugar cane, fruit and flower plantations that covers the plateaus and slopes of the volcanoes.

Bahía de Jiquilisco.   *The Jiquilisco Bay.*

La bandera salvadoreña (de tres franjas: azul, blanco y azul) está hermanada con la de los países vecinos Guatemala, al noroeste; Honduras por el norte y noreste; y, Nicaragua que se avista desde el golfo de Fonseca, en el oeste. El escudo incorpora un ramo con catorce grupos de hojas que representan cada uno de los departamentos de las tres regiones geográficas del país: Occidente, Centro y Oriente. En el centro cinco volcanes entre océanos es el símbolo común a los países vecinos. Los volcanes son, sin duda alguna, el elemento más característico de lo que se llegó a conocer en otros tiempos como «República Jardín»: dos cadenas volcánicas que atraviesan el «Pulgarcito de América» delimitando y separando una estrecha franja costera tropical al sur y un área montañosa de selva pluviosa y embalses al norte. Entre estos activos cordones volcánicos se desarrolla una fértil meseta donde se ubican las principales ciudades: San Salvador (una de las mayores urbes centroamericanas), Santa Ana, San Vicente y San Miguel. Entre los volcanes destaca por su espectacularidad el Izalco que, con poco más de 200 años de historia geológica, es conocido como el «Faro del Pacífico» porque sus incandescencias avisaban de la presencia del continente a marinos que navegaban por estas arriesgadas costas. Otros volcanes destacados son el de Santa Ana o *Ilamatepec* que, con sus 2.365 m es el más elevado; el San Salvador o *Quezaltepec;* el San Vicente o *Chinchotepec;* el Usulután o el Tecapa, algunos con bellas lagunas de agua esmeralda.

El Salvador sigue siendo un país con un importante sector primario y existen grandes extensiones dedicadas tanto a la ganadería como a monocultivos de café, caña de azúcar, maíz o el *maguey*. Las tierras volcánicas están surcadas por diversos ríos, de los que destacan el río Grande de San Miguel o el Lempa y su afluente el Torola, que recorren buena parte del país para desembocar en el Pacífico formando la caprichosa bahía de Jiquilisco, repleta de islas paradisíacas. Las aguas se almacenan en espectaculares embalses como el Cerrón Grande o Suchitlán o el 15 de Septiembre, reservas hídricas del país e importantes ecosistemas idóneos para la avifauna.

*Arriba, lago
Metapán:
abajo,
El Tamarindo.*

*Above, the
Metapán lake.
Below, El
Tamarindo.*

El Salvador's national flag (made up of three bands in blue, white and blue) is twinned with those of its neighbours: Guatemala, to the north-west; Honduras to the north and north-east; and Nicaragua, which can be glimpsed from the Gulf of Fonseca, to the west. The coat of arms features a garland divided into fourteen sections, symbolising each of the departments that make up the country's three regions: Occidente (West), Centro (Centre) and Oriente (East). The centre shows five volcanoes emerging from the Ocean, a common symbol shared with the neighbouring countries. Indeed, the volcanoes are undoubtedly the most characteristic elements of a country that was once known as the 'Garden Republic'. Two volcanic chains cross the 'Tom Thumb of America', forming a dividing line between the narrow tropical coastal strip to the south and a rainy mountainous area of forests and reservoirs to the north. Lying between these two active volcanic chains is a fertile plateau, the site of the country's major cities: San Salvador (one of the largest metropolises in Central America), Santa Ana, San Vicente and San Miguel. Probably the most spectacular of all the volcanoes is Izalco which, with just over 200 years of geological history, is known as the 'Lighthouse of the Pacific' as its glow served to warn sailors of the proximity of the mainland as they made their way through the hazardous coastal waters. Other noteworthy volcanoes include Santa Ana or Llamatepec *which, at 2,365 m, is the highest; San Salvador or* Quezaltepec; *San Vicente or* Chinchotepec; *Usulután or Tecapa, some of which boast breathtakingly beautiful lagoons of emerald green waters.*

Son también importantes reservas naturales de fauna y flora los diversos lagos y lagunas que salpican todo el territorio, algunas de ellas ubicadas en espectaculares cráteres extintos. La costa, y el consecuente turismo de sol y playa, es uno de los atractivos estrella de El Salvador. Encontramos áreas como la tradicional Costa del Sol o las playas ubicadas a ambos lados del Puerto de Acajutla, escala habitual de cruceros. En el litoral se puede disfrutar de modestos acantilados que forman pequeñas calas, extensas playas de arena o esteros como la Barra de Santiago o, al suroeste, el arrecife rocoso más destacado de Centroamérica: Los Cóbanos. En Jiquilisco se abre un laberinto de islas cubiertas de palmeras como Espíritu Santo o la isla Tasajera donde sus habitantes se dedican a la pesca. El golfo de Fonseca es uno de los accidentes más notorios del litoral y comparte vida con los vecinos países de Honduras y Nicaragua. Cerca se hallan las mejores playas del país: El Cuco, Las Tunas, El Tamarindo y, dentro del golfo, las islas de Conchagüita y Meanguera, habitadas por comunidades de pescadores.

El clima ayuda a disfrutar del litoral de El Salvador ya que las temperaturas oscilan anualmente entre los 19 y 29 grados, siendo en el interior algo más frescas. La lluvia hace presencia de mayo y octubre (invierno local) con frecuentes tormentas al caer la tarde.

Históricamente la población salvadoreña ha sido castigada por numerosos males relativamente recientes; desde la guerra civil del siglo pasado pasando por terremotos, huracanes o la dolorosa emigración. El territorio salvadoreño fue poblado desde tiempos remotos, unos 15.000 años a.C. Los mayas y posteriormente otros pueblos como los *pocomanes, lencas y pipiles*, dejaron aquí su huella cultural, como demuestra la Joya de Cerén (la Pompeya Centroamericana) donde estos

Litografía del viejo San Salvador.	*Lithography of the old San Salvador.*

Tipos de El Salvador.
People from El Salvador.

El Salvador continues to have a large primary sector, with large expanses of land given over to livestock farming as well as coffee, sugar cane, corn and maguey plantations. These volcanic lands are crisscrossed by numerous rivers, including the Río Grande de San Miguel, the Lempa and its tributary the Torola, which run through much of the country before flowing into the Pacific, forming the unusually-shaped Jiquilisco Bay, dotted with paradisiacal islands. The landscape is also characterised by stunning reservoirs such as Cerrón Grande or Suchitlán and 15 de Septiembre, which form part of the country's vast water reserves and essential ecosystems that are the ideal habitat for birds and wildlife. The entire territory is scattered with numerous lakes and lagoons that are vital nature reserves for the diversity of flora and fauna, several of which nestle in magnificent extinct craters. The coastline, and its offer of sun and sand tourism, is one of El Salvador's star attractions. It includes traditional holiday areas such as the Costa del Sol and the beaches flanking Acajutla, a regular port of call for cruise ships.

diversos enfrentamientos con sus vecinos debido a disputas territoriales, destacando la curiosa «Guerra del Fútbol» o de «Los Cuatro Días» con Honduras, que tuvo como excusa un partido de la Copa del Mundial de 1969. En 1979 estallaría la guerra civil entre el Frente de Liberación Nacional Farabundo Martí y el gobierno agrupado en el partido ARENA. El Museo de la Revolución de Perquín nos recuerda los acontecimientos y nos revive cómo era la vida en los campamentos revolucionarios. Monseñor Romero sería una de las víctimas de la guerra y se convertiría en mártir y símbolo de la defensa de los derechos humanos. La iglesia del Rosario, frente a la plaza de la Libertad en San Salvador, también nos recuerda a las víctimas del enfrentamiento fraticida que acabaría en 1992 con los Acuerdos de Paz de Chapultepec entre la guerrilla y el gobierno. Acuerdos actualmente fructíferos en el país aunque persiste una palpable desigualdad socioeconómica mitigada por las remesas de emigrantes que viven en EE UU. Aún así, El Salvador es un país donde actualmente florece el turismo gracias al carácter afable, laborioso y pacífico de su gente. En los últimos tiempos el gobierno del FMLN mantiene una política de izquierdas moderada y desarrolla el programa «Pueblos Vivos», que tiene, entre otros objetivos, embellecer, dar a conocer y dinamizar turísticamente diferentes lugares del país, proponiendo una serie de rutas sugestivas según el tipo de turista que va desde el sol y playa del Pacífico hasta la Ruta Arqueológica, pasando por las de naturaleza, deporte, sociedad, artesanía, cultura y agroturismo, entre otras. Actualmente, El Salvador o su denominación en lengua nahuat *Cuscatlán* (lugar de joyas preciosas) se divide en 14 departamentos con la consideración de tres regiones geográficas: Centro, Occidente y Oriente.

pueblos dejaron su impronta bajo las cenizas volcánicas. Otros yacimientos destacables por sus pirámides son San Andrés, Tazumal, Casa Blanca o Cihuatán. Los hostiles guerreros pipiles fueron el pueblo con el que se encontraron los colonizadores españoles enviados desde 1524 por Hernán Cortés. La conquista supuso la introducción del catolicismo y la fundación de ciudades coloniales, una de las cuales fue Suchitoto. A pesar de los terremotos sobreviven bellas y sencillas iglesias coloniales como la de Metapán, Panchimalco, Chalchuapa o Ilobasco; otras han sido renovadas pero muestran en sus entrañas el pasado colonial, como puede apreciarse en las de Ahuachapán, Salcoatitán, Izalco o Cacaopera.
En 1821 El Salvador se independizó dentro de la Federación Centroamericana hasta el desmembramiento de ésta en 1838. Es entonces cuando el país entra en sucesivas luchas internas por el poder e incluso en

Mural en Perquín. Mural picture in Perquín.

The coast is lined with modest cliffs forming small coves, vast stretches of sandy beach or marshlands such as Barra de Santiago. To the south-west lies Central America's most outstanding rocky reef: Los Cóbanos. Jiquilisco looks out onto a hotchpotch of palm-clad islands such as Espíritu Santo or Tasajera, where the locals make their living from fishing. The Gulf of Fonseca is one of the most notoriously rugged stretches of the coast; a landscape that is shared with the neighbouring countries of Honduras and Nicaragua. Close by are the country's finest beaches: El Cuco, Las Tunas, El Tamarindo and, in the actual Gulf itself, the islands of Conchagüita y Meanguera, inhabited by fishing communities.

The climate is ideal for making the most of El Salvador's coastline, as temperatures range between 19 and 29 degrees centigrade, although they are slightly cooler inland. Rainfall is concentrated between May and October (the local winter season), with frequent storms in the early evening.

Historically speaking, the people of El Salvador have suffered a number of relatively recent setbacks, including last century's civil war, earthquakes, hurricanes and the blight of emigration. The territory that today forms El Salvador has been inhabited since time immemorial - around 15,000 years BCE. The Mayans and other, later civilisations such as the Pocoman, Lenca and Pipils, have all made their mark on the country's culture. Examples include the Jewel of Cerén (Central America's Pompeii), where the culture, buildings and everyday utensils of these peoples remained buried under layers of volcanic ash. Other sites noted for their pyramids are San Andrés, Tazumal, Casa Blanca or Cihuatán. The Spanish colonisers sent from 1524 onwards by Hernán Cortés were met by the hostile Pipil warriors. The Spanish conquest brought with it the introduction of Catholicism and the founding of colonial cities such as Suchitoto. Despite a succession of earthquakes, today we can still admire the elegant simplicity of colonial churches such as Metapán, Panchimalco, Chalchuapa or Ilobasco; others, such as the churches of Ahuachapán, Salcoatitán, Izalco or Cacaopera, although they have been renovated, still retain the traces of their colonial past.

In 1821 El Salvador became independent, acquiring the status of a member state of the Federal Republic of Central America until it was dismantled in 1838. The country then became embroiled in successive internal struggles for power and a number of conflicts with its neighbours due to territorial disputes. Particularly worthy of mention is the intriguing "Football War" or "Four Days War" against Honduras, which used a match played during the 1969 World Cup as an excuse.

SAN SALVADOR, EL GRAN CORAZÓN URBANO DEL PAÍS

San Salvador se extiende bajo el volcán homónimo también conocido como *Quezaltepec* (1.893 m). En 1525 Gonzalo de Alvarado fundó la ciudad en honor a Cristo o Divino Salvador del Mundo. Pero, a pesar de su protección, la ciudad no se salvó de terremotos como el devastador de 1986. Entre 1824 y 1841 fue capital de la Federación Centroamericana y, desde 1950, la ciudad ha recibido grandes olas migratorias del campo, pasando de unos 100.000 habitantes en 1940 a más de 1.500.000 en la actualidad. Una buena parte de la población pobre se hacina en las barriadas periféricas del área metropolitana y ocupa durante el día el centro histórico, que se convierte en un enorme mercado. Las grandes avenidas definen a la ciudad moderna que sigue parámetros urbanos y de consumo importados por emigrantes de Norteamérica con abundancia de centros comerciales, altos edificios y espaciosos distritos residenciales conocidos también como *colonias, repartos* o *barrios*.

San Salvador. En esta página, el volcán; en la página de al lado, dos vistas de la Zona Rosa.

San Salvador. On this page, the volcano. Opposite page, two views of the Zona Rosa.

In 1979 civil war broke out between the Farabundo Martí National Liberation Front and the ARENA political party, in government at the time. The Revolution Museum in Perquín relates the events of this war and offers an insight into life in the camps of the revolutionary forces. Monsignor Romero, a victim of this war, would become a martyr and symbol of the defence of human rights. The Church of El Rosario, standing opposite the Plaza de la Libertad in San Salvador, also reminds us of the victims of the civil conflict that ended in 1992 following the signing of the Chapultepec Peace Accords between the guerrillas and the Government. Today, these accords remain in place throughout the country, although there is still a considerable lack of social and economic equality, mitigated to a certain extent by the remittances sent by emigrants working in the USA. Yet despite this, El Salvador boasts a thriving tourist industry thanks to the friendly, peaceful and hardworking nature of its people. In recent times the FMLN Government has applied a moderate left-wing policy and its 'Pueblos Vivos' (Living Towns) programme, which aims to enhance, promote and boost tourism in various areas around the country. It includes a series of suggestive routes targeting various types of tourism taking in sun and sand options on the Pacific Beaches as well as an archaeological route, and nature, sport, craft, culture and society and agrotourism options. Today, El Salvador, which in the Nahuat language is known as Cuscatlán (a place of precious jewels), is divided into 14 departments grouped in three geographical regions: Occidente (West), Centro (Centre) and Oriente (East).

SAN SALVADOR, THE COUNTRY'S URBAN HEART

San Salvador nestles under the volcano of the same name, also known as Quezaltepec (1,893 m). The city was founded in 1525 by Gonzalo de Alvarado in honour of Christ, the Divine Saviour of the World. Yet his protection was unable to save the city from a series of devastating earthquakes such as that which occurred in 1986. Between 1824 and 1841 it was the capital of the Federal Republic of Central America. Since 1950, the city has received successive waves of migrants from the rural areas, pushing the population up from just 100,000 in 1940 to the current figure of more than one and a half million. Most of the city's poorer residents live in the slums on the city outskirts, travelling into the city centre during the day, turning it into a vast market. Large avenues trace the layout of the modern city which reflects the urban parameters and consumer habits imported by emigrants from North America: it is packed with shopping malls, high-rise building and spacious residential districts which are known locally as colonias, repartos or barrios.

*Diferentes aspectos de las piezas expuestas
en el Museo David J. Guzmán.*

*Several views of the exhibited
works at the David J. Guzmán Museum.*

Las avenidas de **Cuscatlán** o **España** atraviesan el casco viejo y llevan hacia el sur, al aeropuerto, pasando cerca del **Mapa en Relieve** de El Salvador y el Museo de Historia Militar o el **Parque Saburo Hirao** y el **Museo de Historia Natural**. El Paseo General Escalón pasa por la animada y hotelera *Zona Rosa* y continúa en la Alameda Roosevelt y la calle Rubén Darío, que atraviesan la ciudad y el casco viejo de este a oeste. Por su parte el **Boulevard de los Héroes**, la 49 Avenida Sur y el moderno **Boulevard de los Próceres,** las más destacadas arterias de San Salvador, recorren de norte a sur la ciudad conectando con la famosa Panamericana. Aparte del cuadriculado y reducido centro histórico en torno a las plazas Cívica o Barrios, Morazán y Libertad, son puntos de interés turístico la **Alameda Juan Pablo II**, donde está el Centro de Gobierno y Alcaldía; el citado **Boulevard de los Héroes** y Metrocentro, lugar de restaurantes y modernas tiendas; así como la mencionada **Zona rosa**, lugar de buenos restaurantes, hoteles y animado ambiente nocturno que se ha sido desplazada recientemente por otros *malls* o grandes centros comerciales y de ocio del suroeste de la ciudad, como Multiplaza y La Gran Vía. Contiguos a la Zona Rosa existen atractivos como los dos museos más importantes del país: el **Museo Nacional David J. Guzmán** (MUNA), especializado en la historia y arqueología del país; y el MARTE o **Museo de Arte**, con buenas muestras del arte contemporáneo de El Salvador. No muy distante se encuentran el **Museo Nacional de Artesanías** y el Centro Internacional de Ferias y Convenciones.

Tres vistas del Museo de Arte (MARTE)
de San Salvador.

Three views of the Art Museum (MARTE)
of San Salvador.

Avenues such as **Cuscatlán** or **España** head southwards through the Old Quarter towards the airport, taking us past the El Salvador **Relief Map** and the Military History Museum or **Saburo Hirao Park** and the **Natural History Museum**. Paseo General Escalón takes us through the lively district known as *Zona Rosa*, the site of numerous hotels, before carrying on into the Alameda Roosevelt and Calle Rubén Darío, which cross the city and the Old Quarter from East to West. In turn, **Boulevard de los Héroes**, **49 Avenida Sur** and the modern **Boulevard de los Próceres**, San Salvador's main streets, run through the city from North to South, before joining the famous Pan-American highway. Apart from the grid layout of the compact historical hub that spans out from squares such as Cívica or Barrios, Morazán and Libertad, other points of interest include the **Alameda Juan Pablo II**, site of the Government building and the City Hall; the aforementioned **Boulevard de los Héroes** and Metrocentro, with its restaurants and modern shops, as well as the **Zona Rosa**, with an abundance of fine restaurants and hotels and a lively nightlife, although it has recently lost ground to other large shopping and leisure malls situated in the southwest of the city, such as Multiplaza and La Gran Vía. Adjacent to the Zona Rosa, visitors will find attractions such as two of the country's most important museums: the **David J. Guzmán National Museum (MUNA)**, specialising in the country's history and archaeology; and the **Museum of Art** (MARTE), which houses a fine collection of El Salvador's contemporary artworks. Not far away is the **National Craft Museum** and the International Convention and Exhibition Centre.

San Salvador.
A la izquierda, la iglesia de El Calvario;
abajo, exterior e interior de la iglesia
de El Rosario en la plaza de la Libertad.

San Salvador. On the left, El Calvario
parish church. Below, inside and outside
views of El Rosario parish church in the
plaza de la Libertad.

Parque Simón Bolívar y la cercana iglesia del Sagrado Corazón, construida en madera en previsión de movimientos sísmicos. Se continúa por el bullicioso y abarrotado Mercado Central y la enorme iglesia del Calvario. Los puestos callejeros vinculados al Mercado Central abrazan el centro histórico de San Salvador que se articula en tres monumentales plazas: Barrios, Morazán y el parque de la Libertad, este último en parte porticado y delimitado por edificios de carácter modernista que sirven de punto de encuentro de jubilados, taxistas, bohemios y músicos. Próximo está el mercado del Excuartel, donde se pueden adquirir productos artesanales de todo el país a precios muy interesantes. La moderna y vistosa catedral metropolitana sustituye a construcciones anteriores destruidas por terremotos o incendios. Sigue patrones neorrománicos y neobizantinos con una enorme cúpula provista de bellas pinturas. La fachada se decora con azulejos de Fernando Llort que representa con sus característicos dibujos una simbiosis de escenas bíblicas y nacionales. En su interior se halla la tumba del arzobispo Romero, mártir y símbolo de lucha para las personas más pobres del país.

En la plaza de las Américas se alza el monumento al Salvador del Mundo, un Cristo sobre un globo terráqueo que es símbolo nacional. La interminable Alameda Roosevelt que, como ocurre en las largas avenidas, cambia de nombre cada doce manzanas se llama también Rubén Darío, discurre junto al

Mercado Central de San Salvador.

Main Market of San Salvador.

Plaza de las Américas *is the site of the monument to the Saviour of the World, the country's national symbol, consisting of a figure of Christ standing on a globe. As with all long avenues, the seemingly endless* **Alameda Roosevelt** *changes name every twelve blocks, and therefore also bears the name Rubén Darío. It runs alongside* **Simón Bolívar Park** *and the nearby Church of* **El Sagrado Corazón**, *built in wood in prevision of possible seismic activity. It then makes its way past the bustling and crowded Central Market and the huge* **Church of El Calvario**. *The street stalls that form part of the Central Market flank San Salvador's historical quarter which is centred in three monumental squares - Barrios, Morazán and Libertad Park. The latter is partly porticoed and lined with Modernist buildings. It is a popular meeting point for the retired, taxi drivers, Bohemians and musicians. Just a short distance away is* **Excuartel Market**, *which sells crafts from all over the country at irresistible prices. The spectacular modern* **Metropolitan Cathedral** *has replaced earlier buildings destroyed by earthquakes or fire. Built along Neo-Romanesque and Neo-Byzantium lines, it boasts an enormous dome featuring magnificent paintings. The façade is decorated with tiles by Fernando Llort, whose characteristic drawings represent a skilful mix of scenes from the Bible and the country's history. Inside is the tomb of Archbishop Romero, martyr and symbol of the struggle of the country's poor. Opposite the equestrian statue of General Gerardo Barrios is the imposing Neo-Classical* **National Palace**. *The interior is arranged around a harmonious central courtyard at the centre of more than a hundred rooms.*
The third square is situated behind the cathedral, at one side. It is presided over by a charming statue of **Morazán**, *which faces a range of eclectic buildings and the ornately decorated* **National Theatre**, *which is almost 100 years old.*

San Salvador. En esta página, tres aspectos de la plaza de la Libertad; en la página de al lado, estatua ecuestre del general Gerardo Barrios (arriba) y Catedral Metropolitana desde el Palacio Nacional (abajo).

San Salvador. On this page, three aspects of the plaza de la Libertad. Opposite page, equestrian statue of Gerardo Barrios general (above) and the Metropolitana Cathedral from the National Palace (below).

San Salvador is an ideal place for leisure and for admiring and purchasing artworks in galleries or stores such as La Pinacoteca, Azul y Blanco or La Luna Casa de Arte. Children will delight at the **Tin Marín Children's Museum***, a vast educational space situated on one side of Plaza Cuscatlán. Urban areas which have now been absorbed into the city's fabric include* **Santa Tecla***, the former capital which preserves a pleasant urban environment, or* **Antiguo Cuscatlán***, where people traditionally flock to taste the typical tasty pupusas, a kind of corn tortilla.*

En esta doble página, diferentes aspectos del Palacio Nacional.

On this double page, several views of the National Palace.

Frente a la estatua ecuestre del general Gerardo Barrios está el monumental edificio neoclásico del **Palacio Nacional**. Su interior se distribuye en torno a un equilibrado patio central que centra más de 100 salones. La tercera plaza se halla detrás de la catedral, a un costado, y la preside una bonita **estatua de Morazán** frente a la cual se alzan edificios eclécticos y el **Teatro Nacional**, bellamente decorado y con casi 100 años de historia. San Salvador es un lugar de ocio donde por ejemplo poder ver y comprar arte en galerías o establecimientos como La Pinacoteca, Azul y Blanco o La Luna Casa de Arte.

Abajo, plaza Morazán, con la estatua de Francisco Morazán. Arriba, Teatro Nacional de San Salvador.

Below, the plaza Morazán, with Francisco Morazán statue. Above, National Theatre of San Salvador.

En la página de al lado, Cementerio de Figuras Ilustres.

Opposite page, the illustrious people cemetery.

Los más pequeños tienen su cita en el **Museo Infantil Tin Marín**, un macroespacio educativo y didáctico ubicado a un lado de la plaza Cuscatlán. Espacios urbanos ya absorbidos por la ciudad son **Santa Tecla**, vieja sede de la capital y que conserva agradables espacios urbanos, o el **Antiguo Cuscatlán,** típico lugar donde comer las típicas y sabrosas *pupusas*.

Frente a la ciudad se dio el trágico acontecimiento del desprendimiento de parte de la sierra del Bálsamo, que sepultó a cerca de un millar de personas. Rodean a San Salvador interesantes espacios como el **volcán** homónimo o **Quezaltepec,** desde donde se obtienen impresionantes vistas a la ciudad. Al sur, el **Jardín Botánico de la Laguna**, agradable espacio creado en torno a un extinto cráter de volcán. Por otro lado, el **parque Balboa** es un lugar muy romántico sobre todo al atardecer. No muy lejos de estos enclaves se encuentra el paraje natural de la **Puerta del Diablo** con grandes precipicios. Desde sus cimas se obtienen vertiginosas vistas y se distingue el típico pueblo **Panchimalco,** que conserva su genuino sabor rural alrededor de la iglesia de Santa Cruz de Roma (1543); su núcleo tiene una fuerte presencia indígena y se han instalado talleres artesanos de telares y pintores como Miguel Ángel Ramírez. Al este de San Salvador se abre el lago cratérico de **Ilopango** que regala bellos amaneceres y cerca del cual se halla la localidad de **Cojutepeque,** con larga tradición chacinera.

Estampa urbana de Santa Tecla. *Urban view of Santa Tecla.*

La Puerta del Diablo.   *The Devil's Gate.*

Facing the city is the Bálsamo Mountain Range, the site of the tragic landslide that buried around a thousand people. The area surrounding San Salvador boasts several sites of interest including the volcano know by the same name or **Quezaltepec***, offering spectacular panoramic views of the city.* **La Laguna Botanical Gardens** *are situated to the south of the city, a delightful space created around an extinct volcano crater.* **Balboa Park** *is a romantic spot, especially at dusk. Not far away from is the natural setting known as* **Puerta del Diablo** *(Devil's Gate), with its stunning sheer precipices. From the top visitors can admire breathtaking views and also make out the traditional town of* **Panchimalco***, which still preserves its genuine country feel. Huddled around the Church of Santa Cruz de Roma, (1543) it still retains a native atmosphere and is the site of craft workshops with traditional looms and home to painters such as Miguel Ángel Ramírez. To the east of San Salvador lies* **Ilopango***, a crater lake offering spectacular sunrises. Nearby is the town of* **Cojutepeque***, famed for its traditional cured pork sausages.*

Santa Ana. A la izquierda, el «Manneken Pis» de la Alcaldía; abajo, interior del Teatro Nacional. En la página de al lado, exterior e interior de la catedral.

Santa Ana. On the left, the City Hall "Manneken Pis". Below, inside view of the National Theatre. Opposite page, outside and inside views of the Cathedral.

HACIA OCCIDENTE SIGUIENDO LA RUTA DE LAS FLORES, DE LOS VOLCANES Y LA ARQUEOLOGÍA

Occidente es la zona más visitada y explotada turísticamente del país; alberga la ciudad más monumental, Santa Ana; así como el puerto más pintoresco, La Libertad. Los principales atractivos arqueológicos, los encantadores pueblecitos englobados en la ruta de las Flores y los volcanes más emblemáticos completan el abanico de atractivos. **Santa Ana** es capital departamental y la segunda ciudad del país pero es muy diferente a San Salvador porque emana tranquilidad y aires coloniales. Al agradable y concurrido parque Central asoman su magnífica **catedral neogótica;** la alcaldía, con su curioso Menekken Pis; y su coqueto **Teatro Nacional**.

HEADING WEST, FOLLOWING A TRAIL OF FLOWERS, VOLCANOES AND ARCHAEOLOGY

Occidente is the country's most popular and exploited tourist area; it is home to Santa Ana, El Salvador's most monumental city, as well as its most picturesque port, La Libertad. The wide range of attractions also includes fascinating archaeological sites, picturesque towns and villages on the Flower Route, and the most impressive volcanoes. **Santa Ana** *is a departmental capital and the city's second largest city, although its calm atmosphere and colonial air contrasts sharply with the hustle and bustle of San Salvador. The magnificent* **Neo-Gothic cathedral** *overlooks the pleasant and lively Central Park; other sites of interest include the City Hall, with its intriguing Menekken Pis and the dainty* **National Theatre.**

En la página de al lado, arriba, el Parque Nacional de Cerro Verde, con el volcán al fondo; abajo, la Alcaldía de Santa Ana y el monumento a la Libertad. En está página, flora de la zona.

Opposite page, Cerro Verde National Park, with the volcano at the back. Below, Santa Ana City Hall and the Monument to Freedom. On this page, the flora of this area.

Al sur de la ciudad, de perfecta y circular forma, se abre el lago de Coatepeque, cráter inundado de un verde intenso y rodeado de pequeñas propiedades balnearias, embarcaderos y algún que otro tranquilo restaurante. A él asoman majestuosos volcanes como el **Izalco**, el **Volcán Santa Ana** o *Ilamatepec*. Este complejo de volcanes y selva primigenia forma el **Parque Nacional de Cerro Verde,** ideal para excursiones y ascensiones. Entre campos de azúcar, cafetales y verdes y floridos bosques se desarrolla una de las rutas turísticas más clásicas y agradables: la **de las Flores,** que nos lleva por agradables parajes y pueblos con sus mercados y poblaciones indígenas, entre los que destacan por sus iglesias coloniales **Izalco**, **Salcoatitán**, **Nahuizalco**, **Apaneca** y **Concepción de Ataco**, esta última ya cerca de la antigua ciudad colonial de **Ahuachapán**. Al sur existe un reducto de bosque primario de El Salvador, se trata del frágil ecosistema denominado **Parque Nacional de El Imposible,** donde conviven unas 400 especies vegetales. Dentro del parque se halla el centro ceremonial La Piedra Sellada, un petroglifo en el cañón del río Guayapa.

Dos aspectos del lago de Coatepeque.

En la página de al lado, vista general de Ahuachapán (extremo inferior); junto a estas líneas, el paisaje de Apaneca y, a la derecha, su café.

Two aspects of the Coatepeque lake. Opposite page, panoramic view of Ahuachapán (below). Above, the Apaneca landscape and its coffee.

To the south of the city, Coatepeque Lake forms a perfect circle in a crater with intense green and surrounded by small spa resorts, jetties and dotted with restaurants characterised by their relaxing atmosphere. Majestic volcanoes such as **Izalco**, **Santa Ana** or Ilamatepec look down over the lake. This area of volcanoes and old-growth forest forms the **Cerro Verde National Park**, a popular spot for walking and climbing excursions. One of the classic and most delightful tourist routes takes us through sugar cane and coffee plantations and lush green forests. **Las Flores** (Flower) Route makes its way through attractive landscapes and villages inhabited by indigenous groups. Particularly worthy of note due to their attractive colonial churches are the towns of **Izalco, Salcoatitán, Nahuizalco, Apaneca** and **Concepción de Ataco,** which lies just outside the historic colonial city of **Ahuachapán.** To the south lies a patch of El Salvador's primary forest; the fragile ecosystem known as **El Imposible National Park**, home to around 400 species of vegetation. The park also boasts an ancient ceremonial site called La Piedra Sellada, an petroglyph situated in the Río Guayapa Canyon.

Chalchuapa.
Arriba, cerámica;
abajo, el retablo
de la iglesia.

Chalchuapa.
Above, traditional
pottery, below, the
altarpiece of the
cathedral.

SAN NICOLAS OBISPO

Chalchuapa. Iglesia colonial. En la doble página siguiente, el yacimiento arqueológico de Tazumal.

Chalchuapa. The colonial church. On the double next page, the archaeological area of Tazumal.

No muy alejada de Santa Ana se halla **Chalchuapa,** agradable y cuidada localidad conocida por su artesanía y por su iglesia colonial dedicada a Santiago en cuyo interior destacan las pinturas de sus retablos, que datan de 1600.

*Not far from Santa Ana we find **Chalchuapa,** a pleasant and well-cared for town famed for its crafts and the colonial church dedicated to Saint James. The interior of this church is noted for its superb altarpiece paintings, which date back to 1600.*

Tazumal. Chamán.
Tazumal. Shaman.

Sitio Arqueológico de San Andrés.
Archaeological site of San Andrés.

Tazumal es uno de los yacimientos más importantes de El Salvador, las excavaciones sólo han descubierto uno de los cinco centros ceremoniales, que datan de los años 200 a 1200 a.C., compuesto por una pirámide principal de unos 23 metros de altura coronada por un templo que pudo ser santuario o bien observatorio astronómico y que muestra influencias mayas, teotihuacanas y toltecas de un lugar dedicado al comercio. El complejo exhibe también restos de aposentos palaciegos, una necrópolis así como la clásica cancha para el juego de pelota o *tatchi*. La Ruta Arqueológica continúa hacia San Salvador en el **Sitio Arqueológico de San Andrés,** perfectamente acondicionado y donde se puede observar la colorida ave nacional: el *togoroz*. Del extenso yacimiento, donde se intuyen unas 60 colinas que guardan construcciones, una de las excavadas es la pirámide principal, con escalinata y que culmina en dos torres pequeñas. Con todo, el yacimiento más curioso, declarado Patrimonio de la Humanidad, es la **Joya de Cerén**, ya que nos permite comprender cómo era la vida hace más de 1.400 años por ser un emplazamiento sepultado súbitamente por las cenizas del volcán de Loma Caldera. La población huyó con sus animales y dejó intactas sus formas de vida conservándose incluso las formas de los cultivos o *milpas,* como la existente junto al habitáculo de la chamana así como una sauna. Al norte del yacimiento se halla el pueblecito de **San Juan de Opico,** con su iglesia de origen colonial. También al norte, ya en dirección a La Palma, se halla el cuarto yacimiento en importancia: **Cihuatán,** un importante recinto arqueológico de lo que era un centro religioso donde se identifican templos así como las clásicas áreas dedicadas al juego de pelota.

Tazumal *is one of El Salvador's most important archaeological sites; to date, the excavation work has uncovered just one of the five ceremonial sites, which date back to between 200 and 1200 BCE. It is made up of a 23 metre high pyramid topped by a temple which may have been a shrine or astronomy observatory with traces of the Mayan, Teotihuacán and Tolteca civilisations, who used this as a site for trade and commerce. The site also contains the ruins of a palace, a necropolis and a traditional court where a ballgame known as* tatchi *was played. As we continue towards San Salvador, the next stop on the Archaeological Route is the* **San Andrés Archaeological Site***, offering excellent facilities for visitors and where they can observe the brightly-coloured national bird: the* togoroz. *The main pyramid on this vast site, which stretches out over 60 mounds concealing ancient constructions, has been excavated to reveal a flight of stairs and two small towers at the top. Yet probably the most intriguing of all the sites is the* **Jewel of Cerén***, declared a UNESCO World Heritage Site. Buried under layers of volcanic ash following the sudden eruption of Loma Caldera, it provides a fascinating insight into life as it was more than 1,400 years ago. The population fled with their animals, leaving behind their homes and possessions. Their way of life was preserved intact, including their crop growing methods known as* milpa, *their dwellings known as* chamanas *and even a sauna. To the north of this site lies the small town of* **San Juan de Opico***, with its colonial church. In the same direction, heading towards La Palma, we find the fourth most important point on our route:* **Cihuatán***, a major archaeological site of what was once a place of worship. Today we can see the remains of a number of temples as well as the familiar areas dedicated to ballgames.*

Yacimiento de la Joya de Cerén.   *The Jewel of Cerén.*

*En esta página, el paisaje
de la laguna de Metapán
y el lago de Güija y un
petroglifo de la zona.
En la página de al lado,
la iglesia de San Pedro
en Metapán.*

*On this page, the Metapán
lagoon landscape, the Güija
lake and a petroglyph.
Opposite page, San Pedro
parish church in Metapán.*

El noroeste del país es rico en espacios naturales centrados alrededor de la localidad de **Metapán**, de estructura colonial como su iglesia principal, de San Pedro, de 1740. Metapán se halla limitada por un área lacustre al sur y una zona montañosa al norte ya limítrofe con las fronteras de Guatemala y Honduras. Al sur se halla la **laguna de Metapán** y el **lago de Güija**, con sus pequeñas islas de rica avifauna. El lugar fue habitado por sociedades precolombinas, demostrado por los numerosos hallazgos de cerámica y petroglifos como el del Cerro Las Figuras. Por su lado, al norte asciende el **Parque Nacional de Montecristo,** conocido como El Trifinio, pues en su bosque nebuloso con alturas próximas a los 2.400 metros confinan los límites de tres países: El Salvador, Guatemala y Honduras. La fauna es rica y destacan monos, mapaches, puercoespines, osos hormigueros y zorros pero también los temidos jaguares y pumas.

The north-west of the country boasts an abundance of natural spaces around the town of **Metapán**. *Built in the colonial style, its main church, San Pedro, dates back to 1740. Metapán is bordered by an area of lakes to the south and mountains to the north, close to the frontier with Guatemala and Honduras. To the south we find* **Metapán Lagoon** *and* **Güija Lake**, *dotted with tiny islands and home to a wealth of wildlife and birds. The discovery of numerous examples of ceramics and petroglyphs such as Cerro Las Figuras indicates that this area was inhabited by Pre-Columbian civilisations. To the north lies* **Montecristo National Park**, *also known as El Trifinio. It is in this area, characterised by misty forests climbing up to altitudes of almost 2,400 metres that the borders of three countries converge: El Salvador, Guatemala and Honduras. It is home to a wealth of wildlife species, notably monkeys, racoons, porcupines, anteaters and foxes, as well as the much feared jaguars and pumas.*

Tres aspectos de Barra de Santiago.

Three aspects of Barra de Santiago.

EL LITORAL DEL PACÍFICO, IDÓNEO PARA LA PRÁCTICA DEL ECOTURISMO, EL SOL Y PLAYA Y EL SURF

El Salvador ofrece unos 300 kilómetros de variado paisaje litoral tropical donde abundan las playas, idóneas para la práctica del *surf*. El litoral oeste se inicia en el departamento de Ahuachapán. En el entorno de la **Barra de Santiago**, monumental y plácido estero dominado por manglares, cocoteros y bellas playas, se encuentra la isla **Cajete** con restos precolombinos, así como el Metalío, su playa más concurrida.

Más allá destaca, el viejo **Acajutla,** con su escondido puerto artesanal y un importante puerto comercial donde empiezan a arribar cruceros. Cerca se encuentran clásicas playas de coral molido como Salinitas y Punta Remedios, esta última ideal para bucear y observar viejas embarcaciones hundidas. Pero sobresale **Los Cóbanos**, lugar de formaciones volcánicas que lo dotan de un aspecto agreste y rico en biodiversidad.

La pesca en La Libertad.

Fishing works in La Libertad.

THE PACIFIC COAST, A PARADISE FOR ECOTOURISM, SUN, SAND AND SURFING

*El Salvador boasts 300 kilometres of lush tropical coast, lined with beaches that are ideal for surfing. The western coast starts in the department of Ahuachapán. In the area around **Barra de Santiago**, a vast and tranquil marshland of mangrove swamps, coconut palms and spectacular beaches, we find **Cajete** Island, the site of Pre-Columbian remains, as Metalío, the most popular beach. A little further on we come to the historic **Acajutla**, boasting a traditional harbour half hidden away and a large commercial port that is beginning to attract cruise ships. Not far away are classic beaches of ground coral such as Salinitas and Punta Remedios. This latter beach offers visitors the chance to go on a diving trip to explore old sunken vessels. Yet the most outstanding feature is undoubtedly **Los Cóbanos**, an area of volcanic formations which adds a rugged aspect to the landscape and is rich in biodiversity.*

Doble página siguiente:
Costas de El Sunzal
y El Zonte.

Next double page,
El Sunzal and El Zonte
coasts.

En las playas de **El Palmarcito**, **El Zonte**, **El Sunzal**, **El Tunco**, **Punta Roca o de la Paz**, **El Majahual** o **El Conchalío** se puede practicar *surf* y otros deportes náuticos o, simplemente, bañarse y tomar el sol en sus finos arenales. Estas playas nos acercan al puerto más pintoresco de El Salvador: **La Libertad,** de gran trasiego de pescadores.

Algo hacia el interior encontramos el pequeño **Parque Nacional Walter T. Deininger,** área accidentada prelitoral donde se halla la Poza del Salto y la Cueva el Encanto. El departamento de Zacatecoluca tiene al sur el aeropuerto internacional de Comalapa y cerca la **Costa del Sol** y el Estero de Jaltepeque, un rosario de hoteles y segundas residencias que en determinadas ocasiones priva el acceso al litoral. Entre el estero y el océano contemplamos un complejo de islas, de las que destacan **Tasajera** y **Montecristo,** y es muy interesante visitar la bocana del río Lempa y la **playa de los Negros**. El litoral del departamento de Usulután se inicia después de la citada desembocadura y nos regala una compleja bahía, la de **Jiquilisco** donde se multiplican islas, manglares, lagunas y esteros como la larga península de San Juan del Gozo. Aquí está el **puerto del Triunfo** desde donde se puede alquilar una lancha y disfrutar de la pesca, la fauna marina y de una de las islas más grandes de El Salvador: **Espíritu Santo**. Esta isla, junto a la **playa del Espino,** concentra uno de los palmerales más densos y bellos del país.

Arriba, Majahual; abajo y a la derecha, Costa del Sol.
Above, Majahual. Below and right, Costa del Sol.

Abajo, Usulután; a la derecha, bahía de Jiquilisco.
Below, Usulután. On the right, the Jiquilisco Bay.

48
El Salvador

*The beaches of **El Palmarcito**, **El Zonte**, **El Sunzal**, **El Tunco**, **Punta Roca** or **de la Paz**, **El Majahual** or **El Conchalío** are ideal for surfing or other water sports, or simply for enjoying a relaxing swim or sunbathing on its fine white sands. These beaches bring us to El Salvador's most picturesque harbour: **La Libertad**, a hive of fishing activity.*
*Slightly inland, we find the small **Walter T. Deininger National Park**, a rugged precoastal landscape that is home to the deep pool known as Poza del Salto and El Encanto Cave. Comalapa International Airport is situated in the south of the department of Zacatecoluca, not far from the **Costa del Sol** and the Jaltepeque marshland, dotted with hotels and holiday homes that on occasions restrict access to the coast. Between the marshland and the ocean lies a group of islands, the most notable of which are **Tasajera** and **Montecristo**. A visit to the mouth of the River Lempa and **Los Negros Beach** is also highly recommended. The coastline of the department of Usulután follows on from the river mouth, stretching out along **Jiquilisco** Bay, scattered with islands, mangrove swamps, lagoons and marshlands such as the elongated San Juan del Gozo Peninsula. In the **port of El Triunfo**, visitors can hire a launch to go fishing, discover the marine life and explore one of El Salvador's largest islands: **Espíritu Santo**. Together with **El Espino Beach**, this island is home to one of the country's most spectacular and densest palm tree forests.*

Hacia el oriente (en el litoral de los departamentos de Usulután, San Miguel y La Unión) se hallan las playas más bellas de El Salvador: las de **El Espino, El Cuco, Las Flores, Las Tunas, Playa Negra y Tamarindo**. Y, a partir de aquí, el **Golfo de Fonseca,** con su archipiélago volcánico de ricos ecosistemas. Del complejo de islas descubierto por Gil González de Ávila en 1522 están habitadas sólo las principales: **Zacatillo, Meanguera** o **Conchagüita**. Esta última conserva restos de las comunidades lencas que la habitaron así como una iglesia colonial que indica la pronta presencia española. Desde el embarcadero de **La Unión** se puede embarcar hacia ellas.

En esta página, Playa Tamarindo (arriba) y Golfo de Fonseca (abajo).

En la página de al lado: Conchagua, La Unión.

On this page, Tamarindo Beach (above) and the Fonseca Gulf (below).

Opposite page, Conchagua, La Unión.

El Salvador's most breathtakingly beautiful beaches are found towards the east (in the departments of Usulután, San Miguel and La Unión), such as **El Espino, El Cuco, Las Flores, Las Tunas, Playa Negra and Tamarindo.** *Leading on from here is the* **Gulf of Fonseca,** *with its volcanic archipelago, home to rich ecosystems. Only the principal islands in this group - discovered by Gil González de Ávila in 1522 - are inhabited:* **Zacatillo, Meanguera** *and* **Conchagüita.** *The latter of these preserves the remains of the Lenca communities that once lived here, as well as a colonial church that points to its early settlement by the Spanish. Boat trips to these islands depart from* **La Unión** *jetty.*

EL CENTRO Y ORIENTE: PUEBLOS ARTESANOS, REVOLUCIONARIOS, VOLCANES Y LAGUNAS

Suchitoto se encuentra sobre el embalse Cerrón Grande o Suchitlán. Sus rectilíneas calles empedradas, sus casonas de balcones forjados, sus plazoletas semiporticadas y su iglesia de Santa Lucía son muestras de esta atractiva ciudad colonial salvadoreña. Las calles de la localidad tienen numerosas tiendas de artesanías y galerías de arte como Pascal, Shanay o La Casa del Escultor. No faltan atractivos en los alrededores como es el **paraje de los Tercios**, una cascada de unos 30 metros que recuerda a un órgano petrificado.

Suchitoto. Sus calles y la iglesia de Santa Lucía.

Suchitoto. Its streets and Santa Lucía parish church.

THE CENTRE AND THE EAST: TOWNS OF CRAFTSMEN AND REVOLUTIONARIES, VOLCANOES AND LAGOONS

Suchitoto *stands on the banks of the Cerrón Grande or Suchitlán reservoir. The highlights of this attractive colonial city include its straight cobbled streets, its noble houses with wrought iron balconies, semi-porticoed squares and the Church of Santa Lucía. The streets are lined with craft shops and art galleries such as Pascal, Shanay or La Casa del Escultor.*

Pinturas en La Palma (arriba) y El Pital (abajo).

Paintings in La Palma (above) and El Pital (below).

Iglesia de Citalá.

Citalá parish church.

Pueblos cercanos como **Cinquera** o **Guazapa** conservan restos y marcas de la guerra: casas destruidas, campamentos, trincheras, refugios... En el departamento de Chalatenango se ubica **Concepción de Quezaltepeque,** donde se fabrican las conocidas hamacas salvadoreñas; en **La Palma**, hacia las montañas, se pintan cuadros en madera de pino, telas o semillas de copinol. Por otro lado, la iglesia de Dulce Nombre de María es el hito de los primeros contactos entre la guerrilla y el gobierno. Desde este núcleo rural se puede ascender al **Cerro Pital** que, con sus 2.731 metros, es el techo del país. Ya cerca de la frontera de Honduras se halla **Citalá**, viejo núcleo colonial fortificado que muestra una interesante iglesia, la del Pilar, construida en el siglo XVII. Los departamentos centrales de Cabañas y San Vicente tienen como límite natural al caudaloso río Lempa. **Ilobasco** es el núcleo más atractivo por sus empedradas calles, su

iglesia colonial y sus talleres de cerámica pintada en vivos colores.

San Vicente, la capital, es un activo y comercial núcleo rodeado de cañaverales y volcanes como el homónimo o **Chinchontepec** o la **Laguna de Apastepeque**. Más hacia el oriente sobresalen las activas ciudades o núcleos de servicios, capitales departamentales de **Usulután** con su volcán homónimo y, sobre todo, **San Miguel**. Merece la pena una excursión al vecino pueblo de **Alegría**, cuidado y agradable y patria chica de próceres donde se encuentra una bella y misteriosa laguna de agua esmeralda dentro del **volcán Tecapa**.

La cerámica de Ilobasco.

Illobasco traditional pottery.

The surrounding area also has its fair share of attractions such as **Los Tercios**, a natural beauty spot with a spectacular 30 metre waterfall that looks like a petrified organ. Traces of war can be seen in nearby towns such as **Cinquera** or **Guazapa**, with houses standing in ruin, camps, trenches and shelters. In the department of Chalatenango we find **Concepción de Quezaltepeque**, where El Salvador's famous hammocks are made, whilst in **La Palma**, heading out towards the mountains, locals pride themselves on their painted wood, copinol seed and fabric crafts. The Church of Dulce Nombre de María is the site where the initial negotiations between the guerrillas and Government took place. From this rural spot, visitors can climb up to **Cerro Pital**, which, at 2,731 metres, is the country's highest peak. Not far from the border with Honduras is **Citalá**, a historic fortified colonial town where visitors can admire the fascinating Church of El Pilar, built in the 17th century. The fast flowing River Lempa forms a natural border for the central departments of Cabañas and San Vicente. The cobbled streets, colonial church and workshops producing brightly-coloured pottery make **Ilobasco** the department's most attractive town.

Arriba y al lado: San Vicente.
Abajo, la laguna de Alegría.

Above and on the next page,
San Vicente. Below, Alegría lagoon.

The capital, **San Vicente**, is a bustling commercial hub surrounded by sugar cane plantations and volcanoes such as the town's namesake or **Chinchontepec** or **Apastepeque Lagoon**. Further east we find lively cities and service hubs, the departmental capital of **Usulután** with its volcano of the same name and **San Miguel**. Not to be missed is a visit to the delightful neighbouring town of **Alegría**, which is well-cared for and the birthplace of some of the nation's heroes. This is also the site of a hauntingly beautiful and mysterious lake of emerald waters, situated inside the **Tecapa volcano**.

San Miguel es la tercera ciudad en importancia y número de habitantes de El Salvador, es un núcleo muy activo y bullicioso que se centra en el parque Guzmán, donde se alza la enorme catedral de 1862 con sus omnipresentes torres y el modernista palacio de la alcaldía, próximo al neoclásico teatro. Hacia el sur se intuyen la silueta perfecta y amenazadora del **volcán San Miguel** o *Chaparrisque*, que hace sombra a lagunas como la del **Jocotal**, **Olomega**; y las **lagunas de Aramuaca,** paisajes horizontales de rica biodiversidad. En las faldas del volcán se hallan los vestigios de una vieja ciudad precolombina lenca: **Quelepa** o el Jaguar de Piedra. El departamento de Morazán es el más aislado y desconocido y uno de los que sufrió más la guerra pues fue feudo de la guerrilla. Hoy, paradójicamente, es el ámbito donde se desarrolla la ruta de la Paz que transcurre por pequeñas localidades como Perquín, Villa del Rosario, Arambala, Joateca, Cacaotera y Corinto. **San Francisco Gotera** es la capital y fue plaza fuerte guerrillera siendo sus calles cruel escenario del enfrentamiento fraticida.

San Miguel *is El Salvador's third largest and most important city. At the heart of this lively, bustling city is Guzmán Park, where the vast cathedral rises up. Built in 1862, its towers are visible from practically anywhere in the city. The Modernist City Hall is another notable construction, situated just a short distance from the Neo-Classical theatre. Looking southwards, we can make out the perfectly traced and somewhat ominous silhouette of the* **San Miguel volcano***, also known as* Chaparrisque*, which overshadows lagoons such as* **Jocotal** *and* **Olomega***. Also worthy of note are the* **Aramuaca Lagoons** *- horizontal landscapes boasting a wealth of biodiversity. The slopes of the volcano are the site of traces of an ancient Pre-Columbian Lenca city:* **Quelepa** *or the 'Stone Jaguar'. Morazán is the most remote and least-known department, and the one that suffered most during the war as it was a guerrilla stronghold. Paradoxically, today it is home to the Peace Route which runs through small towns such as Perquín, Villa del Rosario, Arambala, Joateca, Cacaotera and Corinto. The capital,* **San Francisco Gotera,** *was held by the guerrillas and its streets were the scenes of fierce clashes between the opposing sides during the civil war.*

*En estas páginas,
diferentes
aspectos
de San Miguel.*

*On these pages,
several views of
San Miguel.*

Perquín. Museo de la Guerra y Perquín Lenca. Arriba, paisaje de Morazán; en la página siguiente, río Sapo.

Perquín. War Museum and Perquín Lenca. On the right, Morazán landscape. On the next page, the Sapo river.

Cacaopera, por su lado, es una perdida villa rural que cuenta con el interesante museo etnográfico Winakirika y una sencilla iglesia colonial de 1660. Cerca de **Corinto** existen cuevas con pinturas rupestres que superan los 10.000 años de antigüedad, se trata de la Grutas del Espíritu Santo. Finalmente, **Perquín** es una de las villas más septentrionales del país, escondida entre cerros y altos pinares constituyó la verdadera capital y refugio de la guerrilla, como atestigua su conocido museo.

In turn, **Cacaopera** is a remote rural town, home to an interesting Winakirika ethnographic museum and a simple colonial church dating back to 1660. Not far from **Corinto** visitors can admire the paintings at the Espíritu Santo Caves that are more than 10,000 years old. Finally, **Perquín** is one of the country's northernmost towns; huddled between hills and tall pine forests, it was the true guerrilla capital and hideout, as reflected in the exhibits on display in its well-known museum.